Matthias Claudius

Der Mond ist aufgegangen

mit Bildern von
Jacky Gleich

Der Mond ist aufgegangen,
die goldnen Sternlein prangen
am Himmel hell und klar.
Der Wald steht schwarz und schweiget,
und aus den Wiesen steiget
der weiße Nebel wunderbar.

Wie ist die Welt so stille
und in der Dämmrung Hülle
so traulich und so hold
als eine stille Kammer,
wo ihr des Tages Jammer
verschlafen und vergessen sollt.

Seht ihr den Mond dort stehen?
Er ist nur halb zu sehen
und ist doch rund und schön.
So sind wohl manche Sachen,
die wir getrost belachen,
weil unsre Augen sie nicht sehn.

Wir stolzen Menschenkinder
sind eitel arme Sünder
und wissen gar nicht viel.
Wir spinnen Luftgespinste
und suchen viele Künste
und kommen weiter von dem Ziel.

Gott, lass dein Heil uns schauen,
auf nichts Vergänglichs bauen,
nicht Eitelkeit uns freun;
lass uns einfältig werden
und vor dir hier auf Erden
wie Kinder fromm und fröhlich sein.

Wollst endlich sonder Grämen
aus dieser Welt uns nehmen
durch einen sanften Tod;
und wenn du uns genommen,
lass uns in' Himmel kommen,
du unser Herr und unser Gott.

So legt euch denn, ihr Brüder,
in Gottes Namen nieder;
kalt ist der Abendhauch.
Verschon uns, Gott, mit Strafen
und lass uns ruhig schlafen
und unsern kranken Nachbarn auch!

Matthias Claudius

hat vor über 200 Jahren viele Gedichte geschrieben. Für sein berühmtes Abendlied hat der Musiker Johann Abraham Peter Schulz im Jahre 1790 diese schöne Melodie komponiert:

1. Der Mond ist auf-ge-gan-gen, die gold-nen Stern-lein pran-gen am Him-mel hell und klar. Der Wald steht schwarz und schwei-get, und aus den Wie-sen stei-get der wei-ße Ne-bel wun-der-bar.

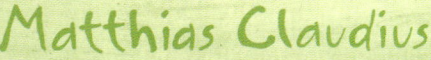 Matthias Claudius

Jacky Gleich

(1740–1815) gehört zu den berühmtesten Lieddichtern deutscher Sprache. Außer „Der Mond ist aufgegangen" hat er zum Beispiel das Erntedanklied „Wir pflügen und wir streuen…" geschrieben und das von Franz Schubert vertonte Gedicht „Der Tod und das Mädchen". Matthias Claudius korrespondierte mit Lessing, Herder und vielen anderen Intellektuellen seiner Zeit. Von 1771–75 gab er die Zeitschrift „Der Wandsbecker Bothe" heraus.

geboren 1964, studierte an der Hochschule für Film und Fernsehen in Potsdam-Babelsberg und an der Kunsthochschule Dresden. Sie hat weit über 70 Bücher für Kinder und Jugendliche illustriert und dafür zahlreiche Preise erhalten, unter anderem den Deutschen Jugendliteraturpreis. Seit 2012 lebt Jacky Gleich mit ihrem Mann und vier Kindern in der Schweiz und inzwischen auf einem Berg.

Nachwort an Eltern und andere große Kinder

Wer sind die heimlichen Genießer von „Der Mond ist aufgegangen"? Wir sind es! Wenn wir abends am Bett der Kinder sitzen, häufig noch gefangen in den Resten des Tages, fast noch im Anzug steckend, dann tut das Abendlied von Matthias Claudius gut. Wenn wir es singen, weicht die Mühsal auch von unserem Leib und von unserer Seele – langsam und klangvoll, wunderbar eben. Strophe um Strophe wird unsere Welt stille, und in der Dämmrung Hülle steigen so manche Sachen auf, die wir tagsüber getrost belachen, weil unsere Augen sie nicht sehn.

Ja, es ist ein Zauber um dieses Lied. Ein Zauber, der uns entlasten kann. „Der Mond ist aufgegangen" ist nicht irgendein Kinderlied, sondern ein weiser Text, der uns einiges zumutet. Zum Beispiel die Forderung: „Lass uns einfältig werden!" (Strophe fünf). Daran werden manche Anstoß nehmen. Wer will schon als Einfaltspinsel gelten?

Doch Claudius wirbt in seinem Abendlied für die Einfalt, weil er davon überzeugt ist, dass wir nicht selbst die Meister unseres Lebens sind, sondern dass wir unendlich viel geschenkt bekommen.

Es ist, als riefe uns der Dichter mit einem gelassenen Augenzwinkern durch die Jahrhunderte hindurch zu: Bleib entspannt! Der Mond hat eine andere Seite. Du siehst ihn eben nur halb, und das ist gut so (Strophe drei). Die andere, unsichtbare Seite des Mondes jedoch liegt nicht in deiner Hand. Sie ist bewahrt in den guten unsichtbaren Kräften, die dich beschützen und erhalten. Sie liegen – für einen frommen Menschen wie Matthias Claudius war das selbstverständlich – beim lieben Gott. Auf sein Heil sollst du schauen und nicht nur auf deine Kräfte, denn die sind eitel und vergänglich (Strophe fünf).

Wunderbar ist die Bitte um einen guten Ausgang des Lebens, um ein seliges Ende, wie man es früher nannte. Leider wird diese sechste Strophe häufig ausgelassen. Aber wer das tut, der will den Mond wirklich nur halb sehen. In der letzten Strophe kehrt Claudius von seinem Ausflug in die himmlische Ewigkeit an die Betten unserer Welt zurück: Er bittet um einen ruhigen Schlaf, auch für den „kranken Nachbarn". „Der Mond" ist ein wunderbares Lebenslied – für alle Kleinen, aber gerade auch für alle Großen!

Bestellen Sie auch die dazugehörige CD
mit Kinderliedern zum Einschlafen und Träumen!

Der Mond ist aufgegangen – Musik für junge Träumer

Die Abendlieder-CD der Musikerfamilie Rink
enthält neben dem berühmten Claudius-Lied auch
den Liedklassiker „Scheine, guter Mond, scheine"
und 13 weitere Einschlaflieder für Kinder.

Für Kinder ab 3 Jahre
ISBN: 978-3-86921-277-7
Preis € 9,90 (D) | € 10,00 (A)

Erhältlich im Buchhandel, unter
der kostenlosen Bestellhotline
08 00/2 47 47 66 oder im Internet
unter **www.chrismonshop.de**

Bibliografische Information der Deutschen Bibliothek
Die Deutsche Bibliothek verzeichnet diese Publikation in der Deutschen Nationalbibliografie; detaillierte
bibliografische Daten sind im Internet über http://dnb.ddb.de abrufbar.
ISBN: 978-3-86921-276-0

Illustration: Jacky Gleich
Nachwort: Reinhard Mawick
Druck und Bindung: GRASPO CZ a.s., Zlín